LA TOUTE NOUVELLE MATRICE D'INVESTISSEMENT

Guide complet et actualisé de l'investissement

WAYNE WALKER

© Copyright 2021 par Wayne Walker. Tous droits réservés.

Ce livre a été écrit afin de fournir des informations aussi exactes et fiables que possible. Au besoin, il convient de consulter des professionnels avant d'entreprendre l'une ou l'autre des actions qui y sont préconisées.

La présente déclaration est reconnue comme juste et valable par l'American Bar Association et le Committee of Publishers Association et est juridiquement contraignante sur tout le territoire des États-Unis.

Par ailleurs, la transmission, la duplication ou la reproduction de l'un des travaux suivants, y compris des informations précises, est considérée comme un acte illégal, qu'elle soit effectuée sous forme électronique ou imprimée. La légalité s'étend à la création d'une copie secondaire ou tertiaire de l'œuvre ou d'une copie enregistrée et n'est autorisée qu'avec le consentement écrit exprès de l'éditeur. Tous les droits supplémentaires sont réservés.

Les informations figurant dans ces pages sont globalement reconnues comme un compte-rendu véridique et exact des faits, et à ce titre, toute inattention, utilisation ou mauvaise utilisation des informations en question par le lecteur rendra toute action en résultant uniquement de son ressort. En aucun cas, l'éditeur ou l'auteur original de cet ouvrage ne peut être considéré comme responsable des difficultés ou des dommages qui pourraient survenir après l'utilisation des informations décrites dans ce document.

CONTENU

INTRODUCTION 5

LA CLASSE D'ACTIFS PAR EXCELLENCE. VOUS 7

APERÇU DES INVESTISSEMENTS 13

INVESTISSEMENTS EN ACTIONS DE VALEUR 19

LES OBLIGATIONS 25

INVESTIR DANS LES CRYPTO-MONNAIES 31

L'IMMOBILIER 39

ALLOCATION DES ACTIFS DES MARCHÉS DE CAPITAUX 43

LE FONDS QUI VOUS SIED (fonds communs de placement, indices et FNB) 51

INVESTISSEMENTS ALTERNATIFS 55

ENTREPRENEURIAT 59

PROCHAINES ÉTAPES 65

A PROPOS DE L'AUTEUR 67

Clause de non-responsabilité

Les recommandations et stratégies présentées dans ce livre sont le fruit de mes expériences et opinions personnelles en matière de choix d'investissement. Elles peuvent ne pas être adaptées à votre situation.

INTRODUCTION

Dans ce livre, nous étudierons l'investissement sous sa forme la plus détaillée possible. Le but est de créer systématiquement un plan d'investissement qui va au-delà des stratégies d'investissement traditionnelles. Les "classiques" ne sont pas mis au rebut mais seront examinés sous des angles différents. Je peux affirmer sans crainte que cette matrice d'investissement actualisée offrira aux lecteurs une nouvelle façon d'envisager l'investissement. Comme je l'écris souvent dans mes livres, l'objectif est la liberté et il existe de très nombreuses façons d'y parvenir, notamment en utilisant de nouvelles classes d'actifs. Dans les pages qui suivent, vous (le lecteur) serez également considéré comme une classe d'actifs. Chacun connaît les actions, les obligations, etc., et nous allons les examiner, mais nous nous devons également de considérer la classe d'actifs la plus importante... vous.

LA CLASSE D'ACTIFS PAR EXCELLENCE. VOUS

Vous

Oui, vous ! Nous commençons par la classe d'actifs la plus importante. Soyez sans crainte, nous allons évidemment aborder les "vraies choses" des actifs du marché des capitaux, mais dans la matrice d'investissement pour 2021 et au-delà, ignorer votre personne en tant que classe d'actifs est à mon avis une erreur. Si vous, la personne, n'êtes pas développée ou protégée en tant qu'actif, alors les autres actifs traditionnels sont en danger. Si vous avez lu mes autres livres, vous devez savoir que j'aime aller droit au but sans prendre des centaines de pages et vous ne serez pas déçus.

Le sommeil

Vous en avez besoin. Oubliez les sottises de faux machos qui vous disent de travailler mois après mois avec trois ou quatre heures de sommeil par cycle de vingt-quatre heures. Remarquez que j'ai parlé de cycle et non de chaque nuit ; c'est parce que je reconnais que nous sommes tous différents et que nous fonctionnons sur des systèmes différents. Je suis un irréductible noctambule, et dans mon monde, travailler jusqu'à deux ou trois heures du matin est la norme pour mes collègues et moi. Cependant, pour d'autres, ce n'est pas le cas. Un de mes amis proches se lève tous les jours à 7 heures du matin ou plus tôt ; heureusement, nous ne partageons pas la même maison. Ce sur quoi nous sommes tous d'accord, c'est qu'au cours d'un cycle de vingt-quatre heures, il est important de dormir suffisamment, idéalement de sept à neuf heures. Comme nous ne sommes pas des robots, vous pouvez, par exemple, prendre sept heures d'un coup et faire ensuite une heure de sieste, si votre travail ou votre entreprise le permet. S'assurer que vous dormez suffisamment est un excellent moyen de protéger votre atout numéro un, vous. Être plus alerte vous permet de mieux analyser les autres classes d'actifs et fait probablement de vous une personne plus agréable à côtoyer.

Le jeûne intermittent (FI)

Le jeûne intermittent (FI) est l'une des meilleures choses que j'ai faites dans ma vie personnelle. Le jeûne intermittent consiste à manger pendant certaines périodes et à ne pas manger pendant d'autres. Par exemple, vous ne mangez pas entre 21 heures et 13 heures (le jour suivant) et vous mangez pendant les autres heures. Cette version est appelée 16/8 dans le monde de l'IF, mais il existe d'autres méthodes. Gardez à l'esprit qu'il ne s'agit pas d'un régime, et que vous n'avez pas à le suivre ou à l'arrêter. Il s'agit d'un mode de vie et d'un modèle d'alimentation. Comme il ne s'agit pas d'un régime, vous pouvez manger ce que vous voulez entre les deux, idéalement des aliments sains, mais c'est vous qui décidez. Au fil du temps, la plupart des gens constatent une diminution notable de la graisse corporelle et une augmentation de l'énergie. Tels ont été les résultats pour moi. En outre, ma vie est devenue plus facile car je ne m'occupe plus que de préparer deux repas par jour au lieu des trois ou quatre traditionnels. Je ne suis ni diététicien ni médecin, donc ce n'est pas un avis médical. Les études et les résultats des personnes du monde entier qui pratiquent l'IF sont faciles à vérifier par une simple recherche sur Internet.

Langues étrangères

Apprendre une langue étrangère est l'un des plus beaux cadeaux que l'on puisse s'offrir. J'aime toujours un bon débat, mais il s'agit là d'un sujet sur lequel nous pouvons faire l'impasse, car les avantages sont tellement nombreux. Les langues peuvent accroître votre valeur personnelle, professionnelle ou commerciale. Ce conseil s'adresse davantage aux personnes vivant dans des pays connus pour leur résistance à l'apprentissage d'autres langues. En Europe, où je vis la plupart de l'année, et surtout en Scandinavie, il est courant de parler couramment deux ou trois langues. Je parle trois langues (anglais, espagnol, danois), plus un dialecte.

Personnellement, je peux clairement citer plusieurs opportunités professionnelles, personnelles et amoureuses qui se sont présentées grâce à mes compétences en langues étrangères. Il s'agit véritablement d'une compétence qui augmente la valeur de la classe d'actifs que vous représentez et c'est amusant.

L'apprentissage continu

Refermons cette classe d'actifs avec l'un de mes passe-temps favoris, à savoir l'apprentissage continu. Selon moi, la plupart des adultes ont compris que l'apprentissage ne s'arrête jamais vraiment. Ce que nous apprenons dans les écoles, les universités, etc. n'est que la base ou la plate-forme que nous utilisons pour notre développement futur. Je me souviens que lors de mes propres remises de diplômes, mes parents me répétaient toujours que ce n'était que le début et non la fin. Et comme toujours, ils avaient raison.

Cet apprentissage continu peut prendre la forme d'une nouvelle certification, comme une licence immobilière, ou simplement d'un souhait privé, par exemple, prendre une leçon de vol. Pour ma part, je me fais coacher dans des domaines que je souhaite développer davantage. Évidemment, ce que vous apprenez ne dépend que de vous, mais l'essentiel est d'être en vie tant que vous êtes en vie. Mon père, lorsqu'il est décédé à l'âge de quatre-vingts ans, suivait toujours un cours quelconque. Je n'en ai pas la preuve scientifique, mais j'ai remarqué que, comparé à certains de ses pairs, il n'avait que peu ou pas d'effets sur les problèmes mentaux qui accompagnent souvent les personnes âgées, comme la perte de mémoire.

APERÇU DES INVESTISSEMENTS

Définition claire des objectifs

Après avoir abordé votre classe d'actifs, il est temps de passer au monde des classes d'actifs négociables. Si vous êtes la classe d'actifs la plus précieuse, la majorité des gens, à moins d'être un athlète professionnel, n'aiment pas trop être échangés.

Nous abordons toute une série de sujets, mais avant cela, nous devons avoir un objectif clair. Vous devez maintenant déterminer quel est votre objectif. Nous voulons tous gagner de l'argent, mais quel est votre objectif ? Est-ce la préservation du capital, le revenu ou l'appréciation du capital ? En fonction de votre choix, vous accorderez plus d'importance à différentes classes d'actifs et stratégies. Il ne faut pas non plus s'étonner que vos objectifs dépendent de votre position dans la vie et de votre situation personnelle. Un jeune diplômé de vingt-cinq ans et une veuve de soixante-deux ans auront probablement des besoins radicalement différents.

Détermination de la tolérance au risque

Que vous négociiez ou investissiez, votre tolérance au risque doit être établie avant d'appuyer sur la gâchette d'un investissement. Une baisse de la valeur de vos placements vous ferait-elle perdre le sommeil ? Avant de décider des investissements qui vous conviennent, vous devez savoir quel niveau de risque vous êtes prêt à assumer. Ce niveau de risque, comme nous l'avons déjà mentionné, dépend fortement de votre situation dans la vie : nouveau diplômé, professionnel en milieu de carrière, veuf, etc.

Préférez-vous l'escalade à la lecture d'un bon roman dans votre jardin ? Les investisseurs constatent souvent que leur style de vie et leur tolérance au risque d'investissement ne correspondent pas. Vous pouvez avoir une veuve qui aime le parachutisme mais dont l'objectif, en matière d'investissement, est la préservation du capital.

Détermination des placements

Avant de choisir les investissements qui feront partie de votre portefeuille de placements, vous vous laisserez guider par les concepts de répartition des actifs et de diversification. Dans le cadre de la répartition des actifs, vous équilibrez le risque et le rendement en diversifiant les différentes classes d'actifs. En diversifiant, vous évitez d'exposer votre portefeuille à des risques inutiles. Nous reviendrons sur ces sujets et les approfondirons au fur et à mesure de notre progression.

Émotions

Contrôler ses émotions est l'une des tâches les plus difficiles pour de nombreux investisseurs, à tel point que des livres ont été écrits sur ce seul sujet. Même les professionnels y sont parfois confrontés ; il n'est pas rare que certaines banques et sociétés d'investissement disposent d'un personnel spécialisé dans la santé mentale pour leurs traders et gestionnaires de fonds.

Dans la mesure du possible, vous devez éviter de laisser la peur ou l'avidité gonfler vos pertes ou limiter vos bénéfices. Tout investisseur doit s'attendre à une certaine quantité de fluctuations à court terme dans son portefeuille et s'en accommoder, sans pour autant se mettre en mode panique.

L'avidité peut conduire un investisseur à conserver un actif trop longtemps dans l'espoir d'une augmentation de sa valeur, même si le prix continue de baisser sur une longue période. La peur, quant à elle, peut pousser un investisseur à vendre prématurément un investissement ou l'empêcher de vendre un investissement clairement perdant. De toute évidence, si votre portefeuille vous donne des insomnies, il est préférable d'en parler à votre conseiller en placements.

Révision et édition

Pour conclure, la dernière étape de votre parcours d'investissement consiste à revoir votre portefeuille. Une fois que vous avez établi une stratégie de répartition, vous pouvez constater que la pondération de vos actifs a changé au cours d'un trimestre ou d'une année.

Sélection d'un conseiller en placement

Votre choix de conseiller dépend en grande partie du temps que vous êtes prêt à consacrer à vos placements. Pour certains, l'investissement est un passe-temps et ils veulent s'impliquer à fond, pour d'autres, c'est une corvée à éviter. Choisissez votre conseiller selon votre propre évaluation. De nombreuses institutions offrent différents niveaux d'attention ; cela dépend souvent de la valeur de votre portefeuille. Certaines personnes choisissent une personne indépendante de l'institution auprès de laquelle elles placent leurs investissements, mais c'est une décision personnelle.

INVESTISSEMENTS EN ACTIONS DE VALEUR

Les Actions

Pour beaucoup, les actions, autrement dit les stocks, les parts ou les titres, constituent le moyen le plus courant d'entrer dans le monde de l'investissement. Même s'ils n'achètent pas d'actions à titre individuel, ils y sont souvent exposés par le biais de leurs fonds de pension.

Toute action comporte des risques, mais elle offre l'avantage d'une appréciation potentielle du capital et d'un revenu sous forme de dividendes, selon le titre. Comme il s'agit de sociétés publiques, vous pouvez facilement trouver des informations à leur sujet afin d'effectuer une analyse.

L'investissement de valeur

l'investissement de valeur repose sur un principe important : trouver des sociétés qui se négocient en dessous de leur valeur réelle ou intrinsèque. C'est dans les années 1930 que deux professeurs de l'université de Columbia ont présenté pour la première fois cette stratégie, et depuis lors, de nombreux autres ont appliqué leur interprétation de la stratégie.

Les investisseurs recherchent des actions dont les fondamentaux sont solides : flux de trésorerie, bénéfices, dividendes, etc. Les sociétés doivent être mal évaluées par le marché et avoir un bon potentiel d'augmentation de leur valeur. En d'autres termes, ces actions se négocient à un prix avantageux et leur valeur augmentera lorsque le marché corrigera cette erreur d'évaluation.

Pas de la camelote, que de la valeur réelle

Certains nouveaux adeptes de l'investissement de valeur se trompent en pensant que cette stratégie se résume à l'achat d'actions dont le prix est en baisse, car elles sont en théorie peu chères. Par exemple, l'action AB, qui se négociait à 100 dollars par action, tombe soudainement à 78 dollars. Cette baisse ne fait pas automatiquement de l'action AB un candidat à l'investissement de style valeur. La seule chose que nous savons à ce stade est que l'entreprise se négocie à un prix inférieur. En fait, la chute du cours de l'action AB pourrait être le reflet de problèmes réels au sein de l'entreprise.

Les véritables investisseurs de valeur effectuent des analyses approfondies pour découvrir les entreprises qui sont bon marché compte tenu de leurs fondamentaux. Par conséquent, si une action passe de 100 à 78 dollars, pour apparaître sur le radar de l'investisseur de style valeur, l'entreprise doit avoir des fondamentaux ou une valeur intrinsèque supérieure à 78 dollars. Ce à quoi nous prêtons attention, c'est le prix réel de l'action par rapport à la valeur intrinsèque. Il ne faut pas confondre cela avec la comparaison du prix actuel avec les prix historiques des actions.

La formule :

Valeur intrinsèque = Bénéfices actuels x (8,5 + 2 x taux de croissance annuel attendu)

Le taux de croissance à prévoir pour les sept à dix prochaines années.

Application pratique de l'investissement dans la valeur

L'exemple le plus frappant de l'application des concepts de l'investissement dans la valeur est celui de Warren Buffet et de ce qu'il a fait avec Berkshire Hathaway. Son application de la stratégie a produit des milliers de pour cent de rendement. Berkshire dépasse généralement de loin les performances de l'indice S&P 500.

Une approche différente

Les investisseurs de valeur considèrent une action comme un moyen de devenir propriétaire, en partie ou en totalité, d'une entreprise. Ils achètent ou investissent dans une société et pas seulement dans une action. Ils s'attendent à réaliser leurs bénéfices en étant propriétaires d'une entreprise de qualité qui produit des bénéfices à long terme. Cela contraste fortement avec l'investisseur moyen qui se concentre souvent sur les mouvements de prix à court terme.

L'investisseur de style valeur se concentre sur la valeur sous-jacente de l'action et non sur les fluctuations quotidiennes du marché à court terme. Selon la stratégie de l'investisseur de style valeur, les mouvements à court terme n'ont qu'une importance mineure à long terme.

Où trouver des actions de valeur ?

Les actions de valeur se trouvent sur à peu près tous les marchés disponibles, par exemple le NYSE, le DAX et bien d'autres dans le monde. Vous pouvez également les trouver dans divers secteurs, notamment la technologie et la finance, pour n'en citer que quelques-uns.

Dans leur recherche de candidats à l'investissement dans la valeur, de nombreux investisseurs commencent par les secteurs qui ont connu récemment des réactions négatives du marché. Cela peut être en réponse à des nouvelles ou simplement à des changements de goût à court terme. Par exemple, le secteur de l'énergie, qui est de nature cyclique, offre des opportunités pendant les périodes de sous-évaluation. La chute d'une société à un nouveau niveau plancher peut être un signe qu'il faut l'ajouter à votre portefeuille, mais n'oubliez pas que le prix bas ou le caractère bon marché doit être relatif à la valeur intrinsèque.

Tout le monde n'est pas d'accord

Les mérites de l'investissement valeur Les partisans de la théorie du marché efficient ne sont pas d'accord. Ils sont d'avis que le cours d'une action reflète toutes les informations pertinentes. Il n'est pas surprenant que les investisseurs de style valeur ne soient pas d'accord sur cette évaluation du marché. Ils pensent, comme vous le savez maintenant, qu'il existe des inefficacités sur le marché qui ne demandent qu'à être découvertes. L'investissement de valeur n'est pas la façon la plus tape-à-l'œil d'évaluer les actions, mais peu de gens peuvent contester ses résultats lorsqu'il est appliqué correctement.

LES OBLIGATIONS

Mise en route

Bien que plusieurs aient entendu le mot "obligation", tous ne savent pas ce qu'il signifie. Faisons donc un petit rappel. Une obligation n'est rien d'autre qu'un prêt. Tout comme vous et moi, les gouvernements et les entreprises ont besoin d'argent. Le défi auquel sont confrontés les gouvernements et les entreprises est que le montant des fonds dont ils ont besoin est supérieur à ce que la plupart des banques sont prêtes à prêter. Voilà pourquoi les gouvernements et les entreprises ont recours aux obligations pour attirer les investisseurs potentiels.

L'organisation qui émet l'obligation est appelée l'émetteur et le prêteur est l'investisseur. L'investisseur attend évidemment quelque chose en échange du prêt de son argent et est rémunéré par l'émetteur sous la forme de paiements d'intérêts. Le taux d'intérêt est parfois appelé le coupon.

Les obligations sont classées parmi les titres à revenu fixe dans le sens où vous savez exactement combien vous récupérerez si vous les conservez jusqu'à la date d'échéance (date à laquelle l'émetteur doit rendre le montant emprunté).

Obligations et actions : les différences clés.

Une action vous permet d'être copropriétaire d'une entreprise ; en revanche, investir dans des obligations fait de vous un créancier puisque les obligations sont des dettes. Être créancier présente plusieurs avantages importants. L'un d'eux est qu'en cas de faillite, les détenteurs d'obligations sont payés avant les actionnaires. Par ailleurs, les détenteurs d'obligations n'ont pas le plaisir de participer aux bénéfices.

Pourquoi des obligations ?

Les investisseurs se tournent souvent vers les obligations car elles sont généralement moins risquées que les actions, mais elles offrent normalement des rendements inférieurs lorsqu'on les compare sur le long terme. Le mot clé ici est normalement, car les obligations peuvent aussi être à la fois risquées et offrir un rendement plus élevé selon la catégorie d'obligations.

Les obligations sont particulièrement utiles lorsque vous n'avez pas envie de subir la volatilité du marché boursier. Dans plusieurs situations, les obligations sont la classe d'actifs préférée. La première est la retraite, où les personnes vivent normalement d'une certaine forme de revenu fixe. La plupart des retraités n'ont pas la possibilité de perdre leur capital ou leurs investissements de base. Ils comptent sur cette base pour payer leurs factures quotidiennes. Pour eux, les obligations sont donc une meilleure option.

Un autre scénario dans lequel les obligations sont préférées est celui des personnes ayant un horizon temporel court. Un exemple courant est celui des jeunes parents qui cherchent à acheter une maison dans un délai d'un an. Nous pouvons convenir que les actions offrent la possibilité d'une croissance plus élevée, mais les nouveaux parents ne peuvent pas risquer de perdre de l'argent dans un avenir proche. Les titres à revenu fixe sont donc le véhicule privilégié pour leur situation.

Types d'obligations

Citons tout d'abord les obligations émises par un gouvernement. Celles-ci sont généralement sûres, bien qu'il y ait plusieurs niveaux de sécurité. Les obligations émises par le gouvernement américain – par exemple, les obligations du Trésor – sont sûres selon les normes du marché. Les titres émis par les pays en développement sont souvent classés comme moins sûrs en raison du risque plus élevé de défaillance. D'après mon expérience, les dettes émises par les pays en développement doivent être évaluées au cas par cas car certaines sont mal notées.

Les entreprises peuvent également émettre des obligations, tout comme elles le font pour les actions. Leur durée varie du court au long terme. Le marché part du principe que les entreprises présentent un risque de défaillance plus élevé que les gouvernements et qu'elles peuvent donc espérer des rendements plus élevés. Plus la qualité de crédit de l'entreprise est élevée, plus le taux d'intérêt qu'elle offrira de payer sera faible. Par conséquent, pour une entreprise, il est important d'obtenir et de maintenir une bonne notation. Il existe une catégorie d'entreprises connue sous le nom d'obligations de pacotille, qui présentent un risque élevé et un rendement élevé.

Catégories d'investissement

Obligations de catégorie investissement : AAA, AA, A, BBB

Obligations de qualité inférieure : BB, CCC, CC, D

INVESTIR DANS LES CRYPTO-MONNAIES

Les crypto-monnaies, également appelées cryptos, en tant que classe d'actifs, ne font pas partie des investissements traditionnels, bien qu'elles devraient l'être. Elles remplissent les conditions requises car, en tant que classe d'actifs, elles ne sont pas en corrélation avec d'autres actifs, par exemple les actions ou les matières premières. Ils peuvent également servir de couverture à vos autres investissements.

Tout d'abord, examinons le bitcoin, puis nous passerons à d'autres. Il ne s'agit pas d'un article d'opinion ou de mon sentiment personnel à leur sujet ; il s'agit simplement de répondre à la question "ajouteront-ils de la valeur à un portefeuille diversifié ?" Le réponse est clairement oui. Les rendements du marché des bitcoins, comparés à ceux des actions, sont étonnamment en faveur des bitcoins. Pour ceux qui pensent encore qu'il s'agit d'un phénomène de mode, ou qu'il va simplement disparaître, les faits à ce jour ne jouent pas en votre faveur. En voici quelques exemples.

Les nombreuses "morts" du bitcoin

Le bitcoin a connu plus de 150 "morts". Voici quelques-unes des prédictions très inexactes concernant la disparition du bitcoin.

- 11 août 2013 " Pourquoi le bitcoin n'a pas d'avenir" - moneygeek | 93,43 $.
- 16 novembre 2013 " Le bitcoin est une farce" - Business Insider | 433,57 dollars

- 4 mai 2017 "Le début de la fin pour le bitcoin" - Daily Reckoning | 1541,90
- 12 juillet 2017 "L'acceptation du bitcoin est pratiquement nulle et se réduit" - Yahoo Finance | 2 410,55

Certaines réalités

Source: Python Signals

Qu'est-ce que c'est ?

Le bitcoin est une monnaie numérique décentralisée (un actif numérique). Il ne s'agit pas d'un actif matériel mais d'un actif numérique. Pour ceux qui ne comprenne toujours pas, il ne s'agit pas de pièces de monnaie réelles que vous pouvez toucher. Aucun gouvernement n'en est propriétaire. Vous pouvez transférer de l'argent rapidement sans gouvernement ni banque, moyennant des frais peu élevés. Dans sa forme de base, il s'agit d'un grand livre public très sécurisé (une sorte de feuille de calcul). Avant l'argent, il y avait des grands livres. C'est ainsi que les sociétés primitives gardaient la trace de qui avait et faisait quoi. Les crypto-monnaies, comme beaucoup le disent, sont une évolution naturelle dans l'histoire de la monnaie, du troc aux pièces de monnaie en passant par le papier-monnaie et le numérique.

Sécurité ?

Que se passerait-il si quelqu'un ou un groupe piratait le grand livre ? Même si 40 à 49 % des données étaient piratées, la majorité d'entre elles seraient correctes (le grand livre est décentralisé). Tant que la majorité des grands livres sont d'accord, la transaction est valide. Si une entité tente une attaque à 51 % (majorité), vous devez savoir qu'une attaque de cette ampleur nécessiterait des fonds de l'ordre de 500 millions de dollars pour être menée à bien. En outre, le réseau remarquerait assez rapidement une attaque de cette ampleur.

Les crypto-monnaies (autres que le bitcoin) : A quoi servent-elles ?

Pour les personnes qui sont encore émerveillées par les incroyables mouvements de prix à la hausse que nous avons observés pour de nombreuses crypto-monnaies, la question que je reçois le plus souvent de la part d'étudiants et d'autres personnes est "à quoi servent-elles ?" Le bitcoin attire bien sûr les projecteurs, mais pour les autres cryptos, la plupart des gens sont perdus. Jetons un coup d'œil aux monnaies les plus populaires et plus tard quelques réflexions sur les mouvements du marché.

Ethereum (ETH) – Contrats programmables

Bitcoin (BTC) – Déplacement d'argent, règlement de transactions, actif numérique.

Dash (DASH) – La confidentialité est la caractéristique principale.

Litecoin (LTC) – Similaire au bitcoin mais plus rapide.

Ripple (XRP) – Réseau de règlement des paiements d'entreprise

La réalité

La volatilité que nous avons observée avec les crypto-monnaies, le bitcoin par exemple, était plus importante par le passé. Les crypto-monnaies, comme d'autres marchés, peuvent effectivement baisser ; ce point semblait être une idée nouvelle pour certains. Lorsque le bitcoin est passé de 10 000 à plus de 19 000 dollars, plus vite que ce que même le plus grand fan aurait pu imaginer, les risques de baisse ont été oubliés. La réduction du battage médiatique des débuts a contribué à faire mûrir le marché au point qu'il constitue désormais une classe d'actifs légitime. Si j'avais écrit ceci il y a dix ans, cela n'aurait provoqué que des rires.

Liquidité

Un rapport récent a montré que 50 % de l'activité commerciale provient de cinq cryptomonnaies seulement : Ethereum, Bitcoin, Litecoin, Ripple et Bitcoin Cash. Cela devrait servir d'avertissement pour les investisseurs qui souhaitent maintenir la liquidité. De nombreuses cryptomonnaies ont un volume d'échange inférieur à 10 000 dollars, ce qui est à éviter dans tout portefeuille.

Que faut-il vraiment avoir dans son portefeuille de crypto-monnaies ?

Sélectionnez-en quelques-unes et apprenez à bien les connaître. Comme vous pouvez l'imaginer, aucun investisseur n'est normalement exposé à cinquante pièces différentes à la fois. La plupart des gens commencent à investir dans les crypto-monnaies en investissant dans les plus connues, par exemple le Bitcoin et l'Ethereum. Après un certain temps, vous pouvez commencer à élargir votre univers cryptographique à mesure que vous comprenez mieux leur fonctionnement.

Concrètement, le battage médiatique autour des crypto-monnaies avait besoin de vacances pour le bien à long terme des crypto-monnaies. Je pense que nous y arrivons enfin. Je suis bien conscient que de nombreuses personnes ont vu leurs comptes subir quelques coups durs. En toute franchise, certains ont carrément abandonné les crypto-monnaies. La majorité des investisseurs en crypto qui partent sont ceux qui ont refusé ou négligé d'obtenir une formation ou des conseils qualifiés avant de se lancer. J'ai souvent souligné dans mes autres livres l'importance de la diversification. Il s'agit d'un concept important pour toutes les classes d'actifs, mais avec les crypto-monnaies, il passe de "bon" à "indispensable". Ce concept de diversification n'a rien de magique ou de secret. Une simple connaissance des principes de base de l'investissement et de l'analyse technique aurait aidé beaucoup de gens dans leur stratégie et surtout dans leur état d'esprit.

Le portefeuille

Les valeurs que je considère comme devant être inclues dans un portefeuille à partir de 2020 sont le Bitcoin, l'Ethereum, le Ripple, le Tether, le Litecoin, EOS et le Bitcoin Cash. Ces titres sont sélectionnés en fonction de mon principe selon lequel les investisseurs doivent avoir un portefeuille diversifié de cryptomonnaies et n'investir que dans celles qui ont une bonne liquidité (selon les normes cryptographiques). Toutes les crypto-monnaies sélectionnées font partie des quinze premières en termes de capitalisation boursière.

Les amateurs de crypto, qu'ils soient nouveaux ou plus expérimentés, doivent être conscients des caractéristiques uniques de chaque pièce. Chaque actif cryptographique présente des caractéristiques distinctes en termes de comportement sur le marché. Nous avons également vu que les altcoins ont leurs propres histoires de mouvement de prix. Les altcoins sont les monnaies alternatives qui ont vu le jour à partir de l'idée et/ou du code de base du bitcoin..

Contrairement à ce qui se disait dans le passé, il n'est plus possible d'affirmer que, quelle que soit l'action de l'Ethereum ou du Bitcoin sur le marché, les autres pièces réagiront par des mouvements de prix similaires. Par exemple, la récente baisse du bitcoin n'a pas entraîné une baisse équivalente pour de nombreuses altcoins. Au contraire, plusieurs ont pris de la valeur.

L'IMMOBILIER

L'immobilier est la classe d'actifs la moins compliquée à gérer et la plus rentable. Selon moi, si vous achetez un bien immobilier, prévoyez d'y vivre pendant au moins cinq ans. Oui, les maisons ne sont pas en réalité aussi glamour que le présente les émissions de télé-réalité.

J'ai détenu un appartement et des maisons dans trois régions différentes du monde (Europe, Caraïbes et États-Unis). Avec cette expérience internationale, les biens que j'achèterais maintenant seraient des biens d'investissement louables. La propriété a tellement de coûts cachés, de taxes, de réparations, etc., qu'à moins d'avoir l'intention d'y vivre pendant longtemps, vous devriez en faire une affaire et investir dans des propriétés à louer. Penchons-nous sur quelques-unes des différentes façons d'entrer sur le marché.

Location de pièces

La location d'une pièce dans votre résidence actuelle est de loin le moyen le plus facile d'entrer dans l'immobilier. Il est important ici de procéder à une auto-évaluation honnête afin de déterminer si vous pouvez supporter de devoir partager un espace avec un étranger et tous les défis que cela implique. Certains essaient d'abord le modèle de type Airbnb pour tester leur tolérance sur une base à court terme presque sans risque.

FPI

Les FPI (fiducies de placement immobilier) sont un moyen d'investir dans l'immobilier sans posséder de biens physiques réels. Parfois comparées à des fonds communs de placement, elles sont connues pour verser de bons dividendes. Les sociétés qui en sont à l'origine possèdent généralement un portefeuille de propriétés comprenant des hôtels, des immeubles de bureaux et des appartements. Certaines FPI sont cotées en bourse, d'autres non. Je vous suggère, en tant qu'investisseur privé, de vous en tenir aux fonds négociés en bourse en raison de leur meilleure liquidité. Les rendements sont excellents, a moins que vous ne puissiez les percevoir en raison de problèmes de liquidité, c'est une triste plaisanterie.

Investissement dans l'immobilier locatif

De nombreuses personnes entrent dans ce domaine d'investissement en achetant un logement plus grand que ce dont elles ont besoin et en louant l'espace supplémentaire. Ce type d'opération permet généralement à l'investisseur de réaliser un bénéfice après avoir pris en compte toutes les dépenses. À partir de là, vous pouvez passer à d'autres propriétés et reproduire le processus, mais maintenant vous ne vivez pas dans la propriété, la résidence est 100% locative. C'est ce que je suis en train de faire en Europe du Sud.

Comme toujours, cette forme d'investissement demande un peu de travail. Vous devez connaître le marché locatif et les prévisions pour la région. Comme pour d'autres investissements, vous devez faire en sorte de pouvoir survivre à un échec en ne dépassant pas les limites de votre crédit pour acquérir la propriété. Dans les cas que j'étudie, j'achète les propriétés en payant tout comptant. Cela permet d'obtenir un meilleur prix des vendeurs.

ALLOCATION DES ACTIFS DES MARCHÉS DE CAPITAUX

Nous sommes maintenant parvenus à aborder l'angle mort de nombreux investisseurs, à savoir la répartition optimale des actifs. L'accent sera mis sur vos actifs sur le marché des capitaux et non sur, par exemple, l'immobilier. Il convient de répondre immédiatement à la question suivante : "Qu'est-ce que l'allocation d'actifs ?" Il s'agit de la stratégie qui vous guide dans le processus de répartition de vos actifs entre les différentes classes d'actifs. Votre objectif en tant qu'investisseur est de maximiser les rendements tout en limitant mieux le risque. Simple, mais pas facile.

Profils risque-récompense des actifs

Pour atteindre l'objectif de rendement maximal avec le risque le plus faible possible, vous devez connaître le profil risque-récompense des différentes classes d'actifs.

Marchés monétaires : Titres de créance, très liquides, et dont l'échéance est inférieure à un an.

Revenu fixe (obligations) : Versent un montant régulier et fixe d'intérêts. Certains versent également des intérêts à l'échéance. Elles présentent généralement un niveau de volatilité inférieur à celui des actions. Toutefois, elles ne sont pas totalement exemptes de risques, car il existe toujours un risque de défaillance.

Marchés en développement (émergents) : Actions de pays en développement. Elles présentent généralement un potentiel de rendement plus élevé. Sans surprise, ce potentiel de rendement plus élevé s'accompagne souvent d'un risque plus élevé. Dans ce cas, le risque comprend la faible liquidité, la faible transparence du marché, les problèmes de réglementation et le risque pays.

Les actions de petite capitalisation : Sociétés dont la capitalisation boursière (cap) est inférieure à 2 milliards de dollars. Elles sont normalement placées dans une catégorie de risque plus élevée que les grandes entreprises.

Actions à moyenne capitalisation : Entreprises de taille moyenne dont la capitalisation boursière se situe généralement entre 2 et 10 milliards de dollars.

Actions à grande capitalisation : Les grandes entreprises dont la capitalisation boursière est supérieure à 10 milliards de dollars.

Mon classement de risque faible à élevé : Marchés monétaires, obligations (non cotées " junk "), actions à grande capitalisation, actions à moyenne capitalisation, actions à petite capitalisation et marchés émergents.

Quel est le meilleur choix pour vous ?

Chaque catégorie d'actifs présente des niveaux de rendement différents par rapport au risque auquel votre portefeuille est exposé. Votre tolérance au risque, votre horizon temporel et vos objectifs serviront de base à la composition de votre portefeuille. Afin de faciliter le processus de répartition des actifs, les gestionnaires de placements créent habituellement différents portefeuilles modèles pour les clients, chaque modèle comportant un pourcentage différent de classes d'actifs.

Ces portefeuilles vont souvent de l'agressif au conservateur. L'objectif est d'avoir quelque chose pour chaque type de profil de risque de l'investisseur.

Portefeuilles modèles

Très agressif

Il s'agit d'un portefeuille composé presque exclusivement d'actions. Votre objectif est une croissance agressive de la valeur du compte sur le long terme. Être agressif comporte normalement un risque plus élevé. Ceci est principalement dû à la quantité de volatilité du marché à laquelle vous serez exposé. Si vous optez pour ce type de portefeuille, il est courant de voir la valeur de votre compte fluctuer fortement à court terme.

L'absence d'émotions est plus importante avec ce modèle qu'avec les autres. Vous devez également savoir qu'en général, votre état émotionnel est l'un des facteurs les plus influents dans la création de bénéfices d'investissement.

Composition : 80 % à 100 % d'actions, et peut-être des quantités minimes de liquidités ou de titres à revenu fixe.

Agressif

Votre objectif est l'appréciation du capital à long terme. Le portefeuille est principalement composé d'actions ; vous devez donc vous attendre à ce que la valeur de votre compte connaisse des fluctuations importantes. Les investisseurs du portefeuille agressif ajouteront souvent des titres à revenu fixe à leur portefeuille.

Composition : 70 % d'actions, 20 % à 25 % de titres à revenu fixe et 5 % à 10 % de liquidités.

Équilibré

On retrouve les mêmes ingrédients que dans le portefeuille agressif, mais le niveau de titres à revenu fixe est nettement plus élevé que dans les exemples de portefeuille précédents. Il s'agit d'une tentative de fournir un équilibre entre le revenu et la croissance.

Si vous êtes prêt à prendre un risque moyen, cette stratégie est appropriée. L'horizon temporel est de trois à cinq ans.

Composition : 50 % d'actions, 35 % à 40 % de titres à revenu fixe et 10 % à 15 % de liquidités.

Conservateur

L'objectif d'un portefeuille conservateur est très clair : la préservation du capital et la protection de la valeur du portefeuille.

Vous devez également garder à l'esprit que même une stratégie conservatrice comporte toujours une certaine exposition aux actions, mais seulement en petites quantités.

Composition : 70 % à 75 % de titres à revenu fixe, 15 % à 20 % d'actions et 5 % à 15 % de liquidités.

Tout bien pesé

Comme je ne connais pas la situation personnelle de chaque lecteur, les suggestions de portefeuille ne sont que des suggestions et des lignes directrices à suivre. Les deux paramètres les plus importants dans la création de votre portefeuille sont votre horizon temporel et votre ouverture au risque. Par exemple, si vous êtes dans une situation où vous pouvez avoir besoin d'accéder à vos fonds dans un court délai, vous aurez normalement un pourcentage plus élevé de vos investissements dans des titres à revenu fixe à court terme. Si la liquidité à court terme n'est pas un problème pour vous, votre portefeuille sera davantage exposé aux actions et moins exposé aux titres à revenu fixe.

Vous devrez revoir régulièrement votre portefeuille une fois que vous aurez mis en œuvre votre stratégie. Il s'agit d'ajuster les changements de valeur des classes d'actifs. Il se peut que vous ayez commencé par une stratégie conservatrice, mais qu'en raison de l'augmentation de la valeur de vos actions, vous ayez maintenant un profil de risque différent de votre objectif initial. Pour corriger cette situation et revenir à votre objectif initial, vous rééquilibrez votre portefeuille en vendant les parts qui ont augmenté. Puisqu'il s'agit d'investissements, il n'est pas nécessaire de faire un bilan quotidien, mais un bilan trimestriel est une bonne règle générale.

LE FONDS QUI VOUS SIED
(fonds communs de placement, indices et FNB)

Les fonds gérés activement qui sont sur le marché sont vraiment hétérogènes. Vous verrez des fonds populaires pendant une année ou peut-être même deux ans, mais au fil du temps, ils perdent leur performance par rapport au marché. Les fonds indiciels, quant à eux, sont conçus pour suivre ou refléter la composition d'un indice de marché. L'indice Dow Jones Industrial Average (DJIA) ou l'indice Nasdaq Composite en sont des exemples. Je préfère de loin les fonds indiciels passifs aux fonds gérés, et les faits sont probants :

- La majorité des fonds gérés activement ont un rendement inférieur à celui du marché et ne parviennent pas à battre les fonds indiciels.
- Le fonds indiciel moyen bat le fonds moyen de quelques points de pourcentage.

Le "secret" des fonds indiciels est qu'ils ont un ratio de dépenses nettement inférieur. Leur coût d'exploitation est tout simplement inférieur. Les fonds indiciels effectuent moins de transactions et emploient moins de personnel, ce qui réduit leurs dépenses. Ceci est possible car l'objectif du gestionnaire est uniquement de copier l'indice que le fonds suit. En réalité, il peut y avoir des fonds gérés activement qui, dans un premier temps, surperforment un fonds indiciel, mais qui, une fois pris en compte les frais liés aux transactions et aux équipes de gestion plus coûteuses, perdent du terrain.

Bien que je préfère les fonds indiciels aux autres types de fonds, il convient de préciser qu'ils ne sont pas sans risque. Ils suivent un indice ; par conséquent, la performance de cet indice, bonne ou mauvaise, se reflétera dans la performance du fonds indiciel.

Fonds négociés en bourse (FNB)

Les fonds négociés en bourse (FNB) sont une autre composante possible d'un portefeuille diversifié. Il s'agit de titres qui suivent un indice similaire à celui des fonds indiciels dont nous avons parlé, mais qui se négocient comme des actions. Une façon simple de les comprendre est de considérer les FNB comme des fonds communs de placement que vous pouvez négocier comme s'il s'agissait d'une action.

Pourquoi des FNB ?

Vous bénéficiez de la diversification d'un fonds indiciel, mais vous avez accès à l'effet de levier (utilisation de la marge). Cette caractéristique n'est normalement pas disponible avec les fonds communs de placement.

Les FNB offrent également une tarification plus précise, en ce sens que le prix que vous recevez à l'achat dépend du moment de la journée où vous achetez. Par exemple, si vous avez passé un ordre d'achat le matin alors que le fonds se négociait à un prix inférieur à celui de la clôture, vous obtiendrez le prix le plus bas. Cela contraste avec les fonds communs de placement traditionnels, dont le prix n'est fixé qu'une fois par jour. Cela signifie que tous ceux qui achètent un fonds commun de placement ce jour-là obtiennent le même prix sans tenir compte de l'heure à laquelle l'achat a été effectué. Ce n'est peut-être pas un problème pour un petit investisseur, mais lorsque les montants sont plus élevés, la sensibilité au prix devient plus importante. Il y a de fortes chances que vous soyez insatisfait si vous êtes obligé d'acheter à un prix supérieur à celui qui était disponible au moment précis où vous avez passé votre ordre.

INVESTISSEMENTS ALTERNATIFS

Il s'agit des investissements qui n'entrent pas facilement dans les catégories d'investissement classiques comme les obligations et les actions. Je mentionne les investissements alternatifs parce que les gens s'y intéressent de plus en plus et que j'investis également dans certains d'entre eux ; je peux donc écrire à partir de mon expérience. Ces investissements alternatifs peuvent aller des vins rares aux pièces d'or, en passant par les sacs à main, et bien plus encore. En toute honnêteté, j'ai été stupéfaite de savoir combien de personnes dépensent des sommes considérables pour des sacs à main, principalement à des fins d'investissement. Plus que je ne le pensais au départ !

Un conseil : n'achetez que des objets que vous connaissez bien et que vous aimez avoir à portée de main, car vous risquez de les garder longtemps. Les deux principaux défis de cette classe d'investissement sont la liquidité et la difficulté de s'accorder sur la valeur réelle (dans la plupart des cas). Examinons cela un peu plus en profondeur. Les actions sont liquides pour la plupart : si vous devez les vendre, vous pouvez généralement le faire en quelques secondes ou minutes. Si vous devez en déterminer la valeur, vous pouvez consulter le dernier cours du marché. Pour en revenir aux sacs à main, aux vins uniques, etc., vous n'avez pas de marché central ; vous vous trouvez donc dans un environnement de gré à gré où c'est à vous et à votre contrepartie (le vendeur) de déterminer le prix. Pour ce qui est de la liquidité, il est évident que le marché des œuvres d'art ou des montres coûteuses n'est pas aussi important que, par exemple, une action populaire. Les personnes qui envisagent d'investir dans ce type d'articles doivent se renseigner sur la liquidité de facto. Vous devriez également investir uniquement dans un objet qui vous procure du plaisir entre deux ventes.

En suivant mon conseil d'acheter ce que vous connaissez et appréciez, je me laisse un peu aller avec les montres. J'aime et j'apprécie porter des montres d'un certain niveau, que certains pourraient appeler des montres de luxe. Si vous détenez une des marques les plus connues comme Rolex, vous êtes généralement en mesure de les vendre rapidement. À un moment de ma vie, j'ai eu besoin d'argent liquide presque instantanément et ce qui m'a sauvé, ce sont deux montres de ma collection. J'ai vendu l'une d'elles en moins de quarante-huit heures, l'autre a pris un peu plus de temps, mais elle était encore relativement liquide. Les montres restent mes investissements alternatifs préférés, car outre leur liquidité, elles sont faciles à transporter. Je peux en mettre une à mon poignet ou en glisser une dans ma poche sans trop attirer l'attention sur moi.

Les investissements alternatifs ne devraient être envisagés qu'une fois que les actifs traditionnels ont été pris en charge et que vous disposez d'un peu d'argent "virtuel". Comme je l'ai mentionné dans l'introduction du livre, l'objectif est la liberté et nous pouvons faire preuve de créativité pour y parvenir. Les investissements alternatifs, semblables aux crypto-monnaies que nous avons examinées précédemment, peuvent faire partie du mélange. Si votre temps et/ou votre argent sont utilisés pour acquérir des actifs qui créent plus d'argent, ils seront probablement intégrés dans la matrice d'investissement. Nous pouvons toujours débattre pour savoir lequel est le plus efficace, mais si ce dans quoi vous investissez crée plus d'argent, vous êtes au moins dans la bonne direction. Acheter le dernier smartphone ou le dernier jean ne fait pas partie de ma liste.

ENTREPRENEURIAT

Plusieurs n'accordent pas assez d'importance à cette partie dans la plupart des stratégies d'investissement. Tel qu'indiqué au début du livre, nous irons "au-delà des stratégies d'investissement classiques" et en voici un autre exemple. Je recommande toujours à mes clients d'avoir une entreprise, même s'il ne s'agit que d'un passe-temps. Cette section aborde la création d'une entreprise en parallèle de votre activité professionnelle. Cette approche à temps partiel vous permet d'effectuer une transition progressive vers l'entrepreneuriat. Compte tenu de l'incertitude permanente qui règne sur le marché du travail et des avantages fiscaux potentiels, il est bon d'avoir une activité parallèle.

En toute transparence, je précise qu'il ne s'agit pas d'une section complète sur "comment créer une entreprise". Cependant, dans les paragraphes suivants, je vais partager les éléments essentiels qui doivent être en place pour exécuter cette partie de votre stratégie. Ces stratégies s'adressent à ceux qui ont foi en la version authentique de l'entrepreneuriat : une entreprise dont les produits ou services procurent une réelle valeur ajoutée aux clients. L'accent n'est pas mis sur la collecte de fonds et l'obtention de financements.

Évolutivité

À moins que votre idée d'entreprise n'ait la capacité d'évoluer, continuez à travailler sur votre idée jusqu'à ce que ce soit le cas. Ne cédez pas à l'envie de créer une entreprise tant que vous n'aurez pas trouvé cette solution. Un petit exemple pour ceux qui ne sont pas familiers avec le concept d'évolutivité : votre entreprise peut traiter une commande de mille unités avec presque la même facilité qu'une commande de cent unités.

Commencez à temps partiel

Développer votre entreprise tout en étant salarié vous permet d'éviter le stress de l'incertitude économique qui peut l'accompagner. Si vous vous retrouvez dans la situation rêvée d'avoir une activité secondaire rentable, vous pouvez continuer à la développer pour en faire votre principale source de revenus.

Renforcez votre sens des affaires

Sans surprise, les compétences nécessaires à la gestion d'une entreprise se développent par la pratique et l'accompagnement. Des cours peuvent être utiles, mais en fin de compte, vous aurez besoin de l'accompagnement ou des conseils de quelqu'un qui a ou a eu une entreprise rentable. Si vous le faites correctement, vous gagnerez du temps et, pour finir, de l'argent.

Relier les ventes et le marketing

À mesure que vous progressez dans votre entreprise, il importe que vos courriels et votre site Web soient liés à l'objectif final de vos clients potentiels. Vous devez absolument trouver cet objectif le plus rapidement possible si vous l'ignorez. Cette information est l'une des clés à la croissance de vos ventes. Ma société, GCMS, est spécialisée dans la formation pratique sur les marchés des capitaux, mais les objectifs finaux de nos clients sont soit de trouver un nouvel emploi, soit d'améliorer leurs connaissances en matière d'investissement. Ainsi, tous nos supports marketing sont axés sur ces objectifs. Cela nous ramène au concept commercial classique qui consiste à séparer les avantages d'un produit de ses caractéristiques.

Voici un extrait de mon livre Your First Start-Up (Livre 2) : The Next Steps, qui a aidé de nombreuses personnes dans leur cheminement vers l'entrepreneuriat.

Extrait de Your First Start-Up (Livre 2) : The Next Steps

L'état d'esprit

Ce sujet revient toujours dans mes livres d'affaires car il est encore plus important que toute technologie ou stratégie commerciale. Si vous n'avez pas la bonne mentalité pour gérer une entreprise évolutive, tous les logiciels du monde vous seront inutiles.

La question évidente est de savoir ce qu'est cet "état d'esprit". Est-ce juste une autre fausse motivation, une absurdité qui vous fait vous sentir bien, de la part de soi-disant gourous ? Pas du tout, il s'agit simplement d'avoir la discipline nécessaire pour continuer le voyage, quoi qu'il arrive. De nombreuses personnes acquièrent cette force mentale "continuer à avancer quoi qu'il arrive" grâce au sport (c'est mon cas). Heureusement, ce n'est pas la seule façon de développer ce type de force ; un exemple que j'aime utiliser est celui des musiciens classiques. Quiconque en a rencontré un sait les heures qu'ils passent à perfectionner leur art. La plupart des personnes qui surmontent les difficultés liées au monde des affaires ont généralement un autre domaine qui les a aidées à développer ce trait de caractère. N'oubliez pas que même les plus petits pas vous font avancer.

Le succès

Un élément clé de l'état d'esprit consiste à déterminer vous-même ce qu'est le succès pour vous. Évitez le piège qui consiste à copier la vision du succès des autres. Pour vous, il peut s'agir d'un revenu complémentaire à celui que vous gagnez dans votre emploi ou d'un remplacement complet de votre emploi. Une autre personne peut avoir un objectif plus philanthropique, par exemple, apporter un changement dans la société qui n'a rien à voir avec la réalisation d'un profit financier. N'oubliez pas que même une organisation à but non lucratif n'est pas la même chose qu'une organisation à but lucratif. Même ces organisations ont besoin et utilisent de nombreux principes du monde des start-up.

Une fois que vous avez déterminé ce qu'est le succès pour vous, il faut prendre les mesures nécessaires pour l'atteindre. On m'a dit à maintes reprises et cela reste vrai : "Nous n'entrons pas dans l'avenir ou n'y arrivons pas ; nous le créons à partir de ce que nous faisons aujourd'hui". Ce que vous récolterez dans six mois ou six ans, équitablement ou non, proviendra principalement de ce que vous plantez maintenant. Je vous suggère de vous demander : "Qu'est-ce que je plante ?"

PROCHAINES ÉTAPES

Quand vous êtes prêts à commencer – Contactez-moi.

J'espère sincèrement que ce livre pratique vous profitera. Cependant, je me rends compte aussi que les livres ont des limites et pour ceux qui voudraient plus de suivi, veuillez me contacter ici : www.gcmsonline.info, et je vous répondrai.

A PROPOS DE L'AUTEUR

Wayne Walker est le directeur d'une société de formation et de conseil sur les marchés de capitaux mondiaux, gcmsonline.info. Il possède des années d'expérience dans la direction et l'encadrement d'équipes de conseillers en investissement et a géré des équipes très performantes dans le groupe des clients privés sur la base des revenus de référence (BME). Wayne a formé des traders du programme Citi-FX Pro à Londres. Il est aussi l'auteur du programme "Trading Rights" chez Saxo Bank, que les conseillers en investissement devaient suivre avant d'être autorisés à négocier. Il est un trader certifié par la directive européenne sur les marchés d'instruments financiers (MiFID) et est qualifié pour conseiller les clients "A".

Wayne a reçu de nombreuses sollicitations comme commentateur des marchés financiers dans plusieurs programmes internationaux de télévision et de radio.

Outre ses multiples certifications, Wayne a également occupé les postes suivants :

- Directeur-fondateur, (GCMS) Global Capital Market Solutions, Danemark
- Auteur du Reality-Based Trading Guide, (utilisé dans nos cours à la Copenhagen Business School et dans d'autres universités de l'UE)
- Directeur, Ventes de trading, Amérique du Nord et Moyen-Orient, Saxo Bank, Danemark

- B.sc, Université d'État de New York, College at Buffalo, États-Unis
- NASD Series 3 – Licence pour négocier et conseiller sur les contrats à terme sur le marché américain
- Certificat de négociation ACI (marchés financiers) avec distinction (niveau le plus élevé), France
- Formation au logiciel de cotation des options FX de Bloomberg et de la banque UBS.

www.ingramcontent.com/pod-product-compliance
Lightning Source LLC
Chambersburg PA
CBHW070315220526
45465CB00004B/1866